Clasifico rocas

Ordenar los datos

Sheri Lang

COMPUTACIÓN CIENTÍFICA EN EL MUNDO REAL™

Rosen Classroom™

Encuentro rocas.

Las clasifico por el color.

Tengo 3 rocas negras.

Tengo 4 rocas blancas.

Tengo 7 rocas grises.

Coloco mis rocas en filas.

Palabras que debes aprender

(las) rocas

(la) fila